Ferien-Taschenbuch

So sag ich's auf englisch

Jane Chisholm
Für die deutsche Ausgabe
bearbeitet von
Peter Eckhardt und Hertmute Müller
Illustrationen von Joseph McEwan

Otto Maier Verlag Ravensburg

Inhaltsverzeichnis

Deutsche Erstausgabe
Erstmals 1981 in den Ravensburger Taschenbüchern
Lizenzausgabe mit Genehmigung der Usborne Publishing Ltd., London

Umschlagentwurf: Graphisches Atelier, Otto Maier Verlag, unter Verwendung von Zeichnungen von Joseph McEwan
Gestaltung: Graham Round

Printed in Belgium

5 4 3 2 1 85 84 83 82 81

ISBN 3-473-38682-0

Wie dieses Buch benützt wird

Dieses Buch kann dir helfen, dich im englischen Alltag zurechtzufinden und dich verständlich zu machen.

Die vielen kleinen Bildgeschichten dieses Buches behandeln Situationen, in die du möglicherweise auch einmal kommen wirst.

Das Sprechen fällt dir gewiß nicht so schwer, wenn du vor der wirklichen Situation den passenden Abschnitt nachschlägst. Für einzelne, dir unverständliche englische Worte gebrauche das alphabetische Sachverzeichnis am Ende dieses Buches.

Unter jedem englischen Satz, ob innerhalb oder außerhalb einer Sprechblase, mit oder ohne Bild, steht eine Aussprachehilfe und darunter die deutsche Übersetzung, z. B. so:

Ai kän spiik inglisch.
Ich spreche englisch.

Auf der nächsten Seite steht, wie die Aussprachehilfen benutzt werden. Am Ende ist das Buch noch um zwei weitere Seiten mit englischer Grammatik verlängert, die du dir aber schon mal durchlesen solltest, wenn du Englisch lernen möchtest.

Hinweise

Wenn du um Dinge bittest oder nach ihnen fragst, vergiß nicht, hin und wieder das Wort “bitte” hinzuzufügen. Bitte heißt auf englisch ”*please*” (pliis).

Ob Leute miteinander befreundet sind oder nicht, erkennt man nur daran, daß sie sich entweder beim Vornamen nennen oder sich mit “Mister” und “Missis” anreden, was soviel heißt, wie “Herr” und “Frau”, denn in England sagen alle “du”, auf englisch *you* (juu) zueinander.

Aussprachehilfen

Die Aussprachehilfen sind ganz einfach gehalten. Kurzvokale: a, e, i, o, u, (z. B.: packen-paken) Langvokale: aa, ee, ii . . . (z. B.: viel Spaß – fiil schpaass). Das scharfe “s” ist in unserer Lautschrift ein “ss” (z. B. City-Ssitii). Das einfache “s” der Lautschrift wird immer “gesummt” (z. B. Vase-Waase). Vier der von uns benützten Buchstaben müssen noch etwas erläutert werden.

Dieses Zeichen wird wie ein scharfes gelispeltes “s” gesprochen. Die Zunge stößt dabei an die Vorderzähne. Lispele zur Übung das Wort “Meißel”.

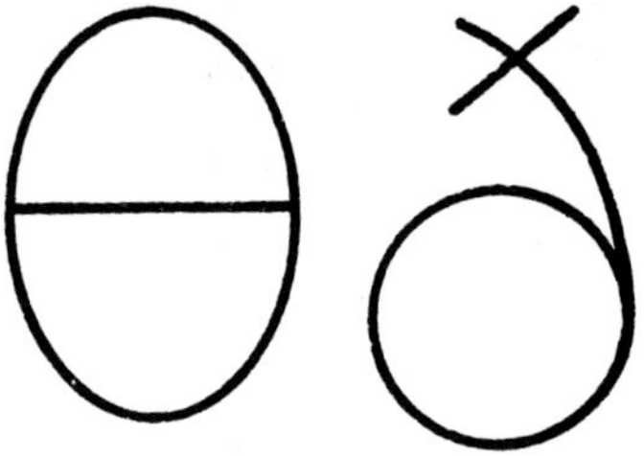

Dieses Zeichen ist wie ein weiches gelispeltes “s” auszusprechen. Lispele zur Übung das Wort “Blase”.

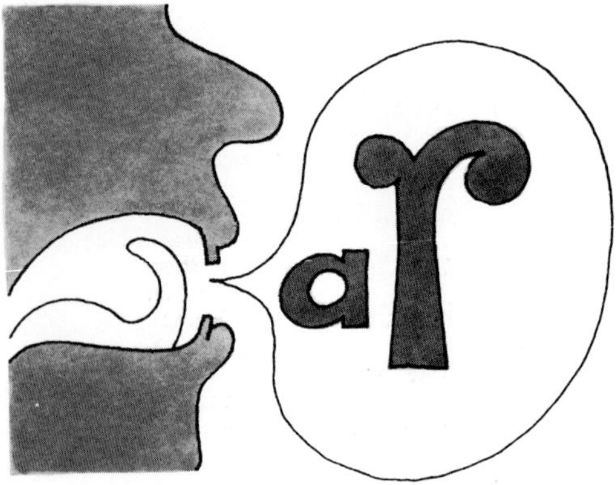

Um das englische “r” auszusprechen, legst du in der abgebildeten Weise die Zunge an den Gaumen.

Das “l” wird im Englischen ähnlich wie in dem deutschen Wort “Kerl” ausgesprochen. Du mußt außerdem den hinteren Teil der Zunge herunterdrükken, als hättest du eine heiße Kartoffel im Mund.

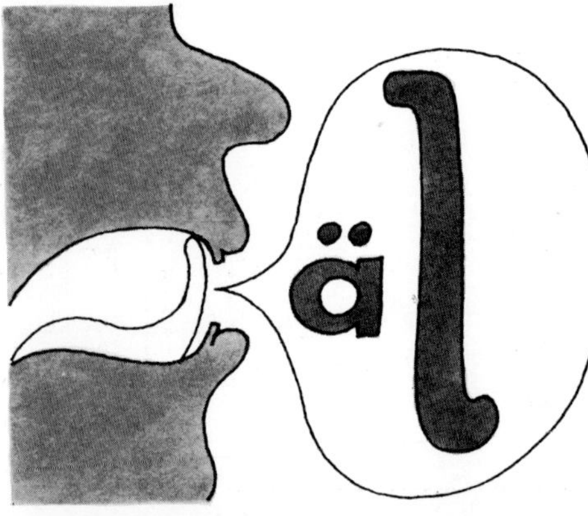

Einige wichtige Wörter und Sätze

Hier sind ein paar allgemeine Wörter und Redewendungen, die du bestimmt häufig brauchen wirst.

Yes
Jäss
Ja

No
Nou
Nein

Please
Pliis
Bitte

Thank you
θängk juu
Danke

Hello
Hälou
Guten Tag

Goodbye
Gudbai
Auf Wiedersehen

I'm sorry,
Aim ssorii
Tut mir leid

Excuse me
Ixkjuus mii
Entschuldigung

Mister (Abk. Mr)
Mista
Herr

Missis (Abk. Mrs)
Missis
Frau

Miss
Miss
Fräulein

Einige einfache Fragen

Wieviel?	How much Hau matsch
Wie viele?	How many? Hau mänii?
Warum?	Why? Uai?
Welche (s,r)?	Which one? Uitsch uan?
Wo ist . . .?	Where is . . .? Uäaris . . .?
Wann?	When? Uän?
Haben Sie. . .	Have you . . .? Häw juu . . .?
Gibt es . . .?	Is (are)there . . .? Is (aar) ðäa . . .?

Einige einfache Sätze

Ich bin . . .	I am . . . Aiäm . . .
Ich habe . . .	I have . . . Ai häw . . .
Das ist . . .	It is . . . Ittis . . .
Das ist hier	It is here. Ittis hiia.
Das ist dort	It is there. Ittis ðäa.
Da drüben	Over there. Ouwa ðäa.
Dies hier	This one ðiss uan
Das da	That one ðät uan
Ich möchte . . .	I would like . . . Ai uood laik . . .

Verständigungsprobleme

Sprechen Sie deutsch?
Do you speak German?
Duu juu spiik dschöamen?

Ich spreche kein Englisch.
I do not speak English.
Ai duu not spiik inglisch.

Ich verstehe Sie nicht.
I do not understand you.
Ai duu not andeständ juu.

Langsamer bitte!
Please speak more slowly!
Pliis spiik moa ssloulii!

Was bedeutet das?
What does that mean?
Uot das ðät miin?

Nach dem Weg fragen

Hau duu ai gätt tu ðe
räiluäi stäischen pliis?
Wie komme ich bitte zum Bahnhof?

Juu masst täik e
namba ssix bass.
Du muß den 6er Bus nehmen.

Uäaris ðe bass stop foa ðe stäischen?
Wo hält der Bus zum Bahnhof?

Ouwa ðäa. Its ðät uan.
Dort drüben. Der ist es.

Is ðäare bänk niia hiia?
Ist hier irgendwo eine Bank?

Uäaris ðe kasl?
Wo ist das Schloß?

Aim lost. Uot is ðe näim of ðiss
striit? **Ich habe mich verirrt.
Wie heißt diese Straße?**

Kän juu schou mii on ðe mäp?
**Können Sie es mir auf
dem Plan zeigen?**

Richtungen

Turn right.
Töan rait.
Rechts abbiegen.

Turn left.
Töan läft.
Links abbiegen.

Go straight on.
Gou sträit on.
Geradeaus weiterfahren.

It's opposite the cinema.
Its opesit ðe ssinema.
Es ist gegenüber vom Kino.

It's next to the bank.
It's näxt tu ðe bänk.
Es ist neben der Bank.

It's on the corner.
Its on ðe koana.
Es ist an der Ecke.

It's just after the bridge.
Its dschest aafta ðe bridsch.
Es liegt direkt hinter der Brücke.

It's just before the crossroads.
Its dschest bifoa ðe krossrouds.
Es liegt direkt vor der Kreuzung.

Einige wichtige Plätze

railway station
räiluäi stäischen
Bahnhof

airport
äapoat
Flughafen

police station
peliiss stäischen
Polizeiwache

children's playground
tschildrens pläigraund
Kinderspielplatz

the shops
ðe schops
Geschäfte

Am Bahnhof

Kinder unter 5 fahren kostenlos, und wenn du noch nicht 14 bist, zahlst du nur den halben Fahrpreis. Ab 9.30 vormittags bekommst du eine verbilligte Tageskarte. Oft gibt es auch günstige Wochenendkarten. Am besten wird es sein, wenn du dich am Bahnhof erkundigst.

Uäa kän ai bai e tiket?
Wo kann ich eine Fahrkarte kaufen?

Hau matsch isittu braiten?
Wieviel kostet es nach Brighton?

Uan ssingl tiket tu braiten.
Eine einfache Fahrkarte nach Brighton.

Tuu riitöan tikets tu oxfoad.
Zwei Rückfahrkarten nach Oxford.

Uitsch plätfoam das ðe braiten train liiw from?
Von welchem Bahnsteig fährt der Zug nach Brighton?
Plätfoam faiw.
Bahnsteig 5.

Uot taim das ðe träin liiw?
Um wieviel Uhr fährt der Zug ab?

Is ðis ðe braiten träin?
Ist das der Zug nach Brighton?

Aiw lost mai tiket!
Ich hab' meine Fahrkarte verloren!

Uot taim das ðe träin from edinböag eraiw?
Um wieviel Uhr kommt der Zug aus Edinburgh an?

Uäa kän ai faind e lagedsch troläi?
Wo finde ich hier eine Gepäckkarte?

Auskunft

Gepäckausgabe

Wartesaal

Fundbüro

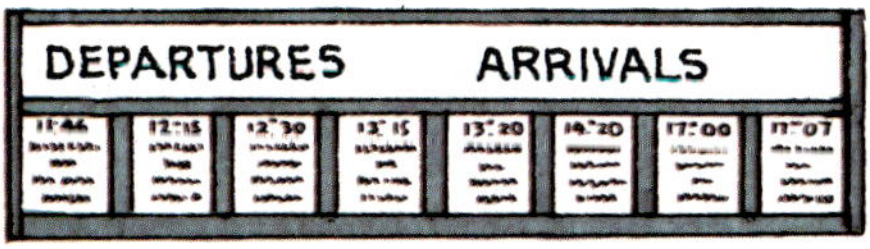

Abfahrt der Fernzüge

Abfahrt der Nahverkehrszüge

Gepäckaufbewahrung

Kein Trinkwasser

Nicht aus dem Fenster lehnen

Mit dem Bus unterwegs

An fast allen Haltestellen stehen die Nummern der Busse, die dort halten sowie deren Fahrtrouten. An einigen Haltestellen ist ein rotes Schild, auf dem *"Request"* (bitten) steht. Das heißt, daß du den Arm ausstrecken oder winken mußt, damit der Busfahrer erkennt, daß du mitfahren willst.

Das ðe bass gou tu uestminsta äbi?
Fährt der Bus zur Westminster Abbey?

Uan änd e haaf tu uestminsta äbi, pliis.
Anderthalb mal zur Westminster Abbey, bitte.

Häw juu got äniθing smoala?
Haben Sie es nicht ein bißchen kleiner?

Ai uont tu gät of hiia.
Ich möchte hier aussteigen.

Präss ðe bäl.
Drücken Sie das Signal.

Kän juu täl mii uän tu gät of?
Können Sie mir sagen, wo ich aussteigen muß?

ðis is jua stop.
Hier mußt du raus.

U-Bahn fahren

An jeder U-Bahn-Station kannst du einen Plan sehen, auf dem die U-Bahn *("Tube")*-Linien und deren Stationen eingezeichnet sind. Um durch die automatischen Schranken zur Bahn gehen zu können, mußt du deine Karte von einem Apparat an den Schranken stempeln lassen.

Uäaris ðe niirest tjuub stäischen?
Wo ist die nächste U-Bahn-Station?

Uitsch lain is naitsbridsch on?
Mit welcher Linie komme ich nach Knightsbridge?

ðe pikedili lain.
Mit der Piccadilly-Linie.

Uitsch stäischen duu ai uont foa ðe taua of landen? **An welcher Station muß ich aussteigen, wenn ich zum "Tower of London" will?**

Das ðiss träin gou tu riidschents paak?
Fährt dieser Zug zum Regents Park?

Oal tschäindsch, pliis!
Alle umsteigen, bitte!

Uitschis ðe uäi aut?
Wo muß ich hinaus?

Mit dem Auto reisen

Uäaris ðe niirist gäredsch?
Wo ist die nächste Tankstelle?

Hau matsch pätrl duu juu uont?
Wieviel Benzin wollen Sie?

Filit ap, pliis.
Voll, bitte.

Kän juu tschäk ðiioil änd ðe uoata?
Können Sie Öl und Wasser kontrollieren?

Ai häw brouken daun.
Ich habe eine Panne.

Uots ðe trabl?
Was ist denn kaputt?

ðe bräiks aar not uöaking propeli.
Die Bremsen funktionieren nicht richtig.

Ai uood laik to haia e kaa foa ðe uiik.
Ich möchte ein Auto für diese Woche mieten.

Die Teile des Autos

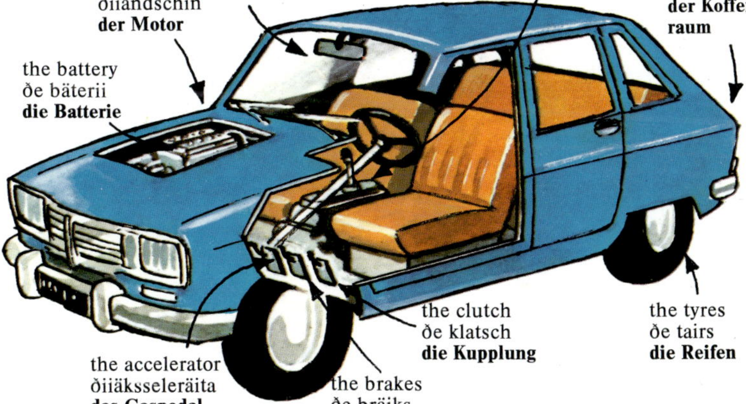

Verkehrszeichen

Vorfahrt beachten

Achtung,
Kinder!

Parkzone

Einbahnstraße

Geschwindigkeits-beschränkung
auf 40 Meilen

Mindest-geschwindigkeit
30 Meilen

Straßenbau-arbeiten

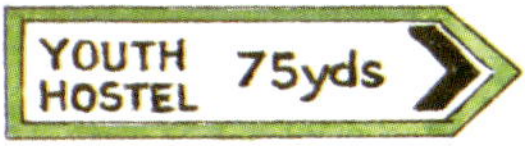

Jugendherberge
75 yards entfernt

Bahnübergang
ohne Schranken

Touristeninformation

Im Hotel

Eine Liste der empfohlenen Hotels und deren Preise erhältst du im örtlichen Reisebüro *(Tourist Information Centre).* **Guck dich auf dem Land nach Schildern um, auf denen** *"Bed and Breakfast"* **steht. In diesen Häusern oder auch kleinen Hotels wird man gut versorgt, und die Unterbringung kostet nicht viel.**

Im voraus buchen

Ai uood laik tu buk e ruum foa näxt uiik.
Ich möchte ein Zimmer für nächste Woche reservieren.

Zimmersuche

Aim ssorii, bat ðe houtel is ful.
Es tut mir leid, das Hotel ist voll.

Kän juu riikomend enaða houtel?
Können Sie mir ein anderes Hotel empfehlen?

A room with two beds.

E ruum uið tuu bäds.
Ein Zweibettzimmer.

A double room with bathroom.

E dabl ruum uið baaθruum.
Ein Doppelzimmer mit Bad.

A single room with shower.

E ssingl ruum uið schaua.
Ein Einzelzimmer mit Dusche.

Hau long uil juu bii stäing?
Wie lange wollen Sie bleiben?

Mahlzeiten im Hotel

Tarif
Tärif
Preisliste

Half-board
Haaf boad
Halbpension

Bed and Breakfast
Bäd änd bräkfest
Zimmer mit Frühstück

Full board
Fulboad
Vollpension

Uottaim is bräkfest (lansch, dina) söawd?
Um wieviel Uhr gibt es Frühstück (Mittagessen, Abendessen)?

Fried egg
Fraid äg
Spiegelei

Boiled egg
Boild äg
gekochtes Ei

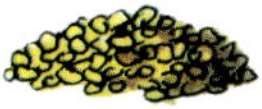

Scrambled egg
skrämbld äg
Rührei

Toast
Toust
Toast

Kud juu mäik mii e päked lansch?
Könnten Sie mir ein Eßpaket machen?

Mai kii, pliis.
Meinen Schlüssel, bitte.

Uottis juuaruum namba?
Welche Zimmernummer hast du?

Ai uood laik to liiw e mässedsch foa mai braða?
Ich möchte eine Nachricht für meinen Bruder hinterlassen.

Die Rechnung bezahlen

Mai bil, pliis.
Meine Rechnung, bitte.

Camping

In England gibt es eine ganze Anzahl gut ausgestatteter Campingplätze. Viele liegen in großen Parks oder Wäldern. Für den Sommer bucht man am besten im voraus. Unter folgender Adresse kannst du eine Liste anerkannter Campingplätze anfordern: Camping Club of GB and IR, 11 Lower Grosvenor Place, London SW1W OEY.

Suche nach einem Campingplatz

Mäi uii kämp hiia?
Könnten wir hier zelten?

Is ðäare kämpssait niia hiia?
Ist hier ein Campingplatz in der Nähe?

Uii häw a kärewen änd tuu tänts.
Wir haben einen Wohnwagen und zwei Zelte.

Auf dem Campingplatz

Uii uood laik tu stäi foare foatnait.
Wir möchten 14 Tage bleiben.

Häw juu e schäidiia pläiss?
Haben Sie einen schattigeren Platz?

Aar ðääränii aða dschöamen fämiliis hiia?
Sind hier noch andere deutsche Familien?

Uot taim duu juu klous in ðiiwenings? **Um wieviel Uhr machen Sie abends zu?**

Uäa kän ai uosch?
Wo kann ich mich waschen?

Uäa kän ai faind ssam uoata?
Wo kann ich Wasser finden?

Mäi ai borou juua toatsch?
Darf ich mir mal Ihre Taschenlampe leihen?

Aar uii elaud to mäik e kämpfaia?
Dürfen wir ein Lagerfeuer machen?

Uottis ðät ssmäl?
Was ist das für ein Geruch?

Pliis, kud juu mäik läss nois?
Könnten Sie bitte ein bißchen weniger Lärm machen?

Was die Schilder bedeuten

NO WASHING UP IN THE BASINS.

Geschirr abwaschen verboten.

COMPULSORY PARKING
Autos hier parken

DRINKING WATER

Trinkwasser

CARAVANS ONLY

Nur für Wohnwagen

CAMPERS ARE REQUESTED TO DISPOSE OF THEIR RUBBISH IN THE PLACE PROVIDED.

Die Camper werden gebeten, die Abfallkörbe für ihren Müll zu benutzen.

Einkaufen

Die Läden sind im allgemeinen von 9 bis 18 Uhr geöffnet. Sonntags haben die meisten geschlossen; in kleinen Städten auch noch an einem Nachmittag in der Woche (oft am Mittwoch). Wenn du Eßwaren kaufst, vergiß nicht, daß England ein anderes Maßsystem hat. Ein *pound (1b)* wiegt weniger als ein Pfund (454 g).

Uäa kän ai bai ssam fruut?
Wo kann ich Obst kaufen?

Häw juu äni äpls?
Haben Sie Äpfel?

Hau mäni uood juu laik?
Wieviel möchten Sie?

Uan paund.
Ein "pound".

Foa sslaissess of häm, pliis.
Vier Scheiben Schinken bitte.

Aim dschast luking.
Ich gucke nur.

Schilder

Sale

Ausverkauf

LIFTS

Aufzug

Self-Service

Selbstbedienung

Open from 9 a.m. to 6 p.m.

Von 9 bis 18 Uhr geöffnet.

Kleidung einkaufen

Kän juu hälp mii? Aim luking foare pätöand schöat.
Können Sie mir helfen? Ich suche eine gemusterte Bluse.

Jäss. Uot ssais duu juu uont?
Ja. Welche Größe wünschen Sie?

Mäi ai trai it on?
Kann ich sie anprobieren?

It's too big.
Its tuu big.
Das ist zu groß.

It's too small.
Its tuu ssmoal.
Das ist zu klein.

Hau matsch isit?
Wieviel kostet das?

Häw juu äniθing tschiipa?
Haben Sie etwas Billigeres?

Uäa duu ai päi?
Wo kann ich zahlen?

θängk juu.
Danke.

Juu aar uälkam.
Nichts zu danken.

GROCER

Ai uood laik . . .
Ich möchte . . .

Grousseas **Lebensmittel**

some tinned foods
ssam tind fuuds
Konserven

some cheese
ssam tschiis
Käse

some butter
ssam bata
Butter

some eggs
ssam ägs
Eier

some jam
ssam dschäm
Marmelade

some tea
ssam tii
Tee

some milk
ssam milk
Milch

some sugar
ssam schuga
Zucker

biscuits
bisskits
Kekse

some honey
ssam hanäi
Honig

some mustard
ssam masstaad
Senf

some coffee
ssam kofii
Kaffee

some green beans
ssam griin biins
grüne Bohnen

some peas
ssam piis
Erbsen

a cauliflower
e koliflaua
ein Blumenkohl

some potatoes
ssam potäitous
Kartoffeln

a lettuce
e lätiss
ein Salatkopf

some mushrooms
ssam maschruums
Pilze

some raspberries
ssam roassbäriis
Himbeeren

a cabbage
e käbedsch
ein Kohlkopf

some tomatoes
ssam tomaatous
Tomaten

some onions
ssam onjins
Zwiebeln

some apples
ssam äpls.
Äpfel

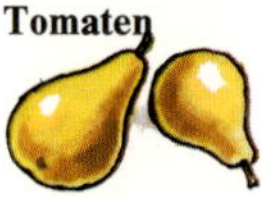

some pears
saam piies
Birnen

an orange
enorindsch
eine Apfelsine

a lemon
e lämen
eine Zitrone

some
strawberries
ssam stroabäriis
Erdbeeren

Some bananas
Ssam bananas
Bananen

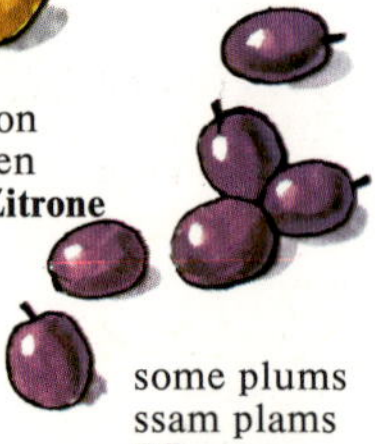

some plums
ssam plams
Pflaumen

BUTCHER

Butscha
Fleischerei/Metzgerei

a steak
e stäik
ein Steak

some veal escalopes
ssam wiil ässkeloups
Kalbsschnitzel

some lamb chops
ssam lämb tschops
Lammkotletts

some minced beef
ssam minst biif
Rindergehacktes

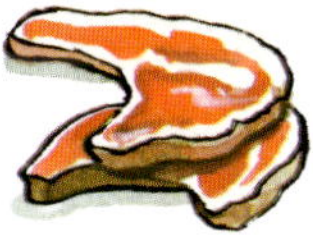

some pork chops
ssam poak tschops
Schweinekoteletts

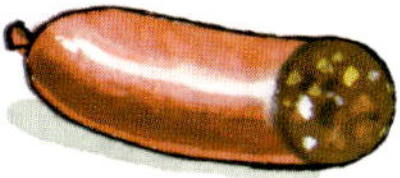

some salami
ssam sälaamii
Salami

a chicken
e tschikn
ein Hähnchen

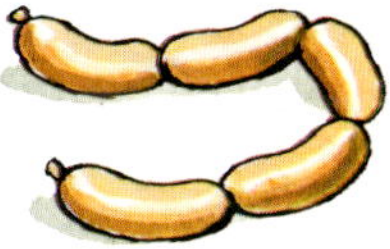

some sausages
ssam ssoassedsches
Würstchen

some paté
ssam paatee
Fleischpastete

BAKER

Bäika
Bäckerei

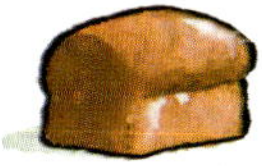

a brown loaf
e braun louf
ein Mischbrot

a white loaf
e uait louf
ein Weißbrot

a fruit pie
e fruut paai
eine Obsttorte

a cake
e käik
ein Kuchen

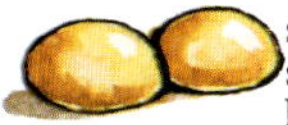

some bread rolls
ssam bräd rouls
Brötchen

FISHMONGER

Fischmonga
Fischhandlung

some cod
ssam kod
Kabeljau

a sole
e ssoul
Scholle

some prawns
ssam proans
Krabben

A sweet shop

E sswiit schop
Ein Süßwarenladen

some sweets
ssam swiits
Bonbons

a bar of chocolate
e baa of tschoklet
eine Tafel Schokolade

Bookshop · Stationers · Newsagent

Bukschop-Stäischeneas-Njuusäidschent
Buchhandlung-Schreibwaren-Zeitschriften

some ink
ssam ingk
Tinte

a pen
e pän
ein Füller

a newspaper
e njuuspäipa
eine Zeitung

a book
e buk
ein Buch

some writing paper
ssam raiting päipa
Schreibpapier

some envelopes
ssam änweloups
Briefumschläge

a rubber
e raba
ein Radier gummi

a pencil
e pänssil
ein Bleistift

Tobacconist

Toubäkenist
Tabakladen

a lighter
e laita
ein Feuerzeug

a packet of cigarettes
e päket of ssigerets
eine Schachtel Zigaretten

some matches
ssam mätsches
Streichhölzer

some stamps
ssam stämps
Briefmarken

clothes shop

Klouðs schop
Kleiderboutique

a dress
e dräss
ein Kleid

a skirt
e sköat
ein Rock

a shirt
e schöat
eine Bluse

some shorts
ssam schoats
Shorts

a hat
e hät
ein Hut

some shoes
ssam schuus
Schuhe

some sandals
ssam ssändels
Sandalen

a jersey
e dschöassäi
ein Pullover

a bathing costume
e bäiθing kostjuum
ein Badeanzug

a raincoat
e räinkout
ein Regenmantel

some trousers
ssam trauseas
eine Hose

some tights
ssam taits
eine Strumpfhose

IRONMONGERS - HARDWARE STORE

Airenmongas-Harduäa Stoa
Eisenwaren-Drogerie

a tin opener
e tin oupena
ein Dosenöffner

a torch
e toatsch
eine Taschenlampe

a screwdriver
e skruudraiwa
Schraubenzieher

a corkscrew
e koakskruu
ein Korkenzieher

a battery
e bäterii
eine Batterie

a light bulb
e lait balb
eine Glühbirne

some string
ssam string
Bindfaden

some scissors
ssam ssisseas
eine Schere

some detergent
ssam ditöadschent
Waschmittel

some cotton
ssam koten
Baumwollgarn

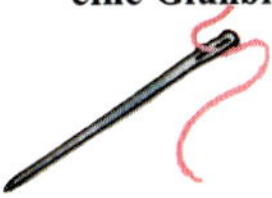

a needle
e niidl
eine Nadel

a plug
e plag
ein Stecker

some Camping Gas
ssam kämping gäss
Campinggas

Chemist

Kämist **Apotheke**

some insect repellent
ssam insekt riipälent
Insektenspray

some soap
ssam ssoap
Seife

some aspirin
ssam ässpirin
Aspirin

a bandage
e bändedsch
Mullbinde

some antiseptic cream
ssam äntiseptik kriim
Wundsalbe

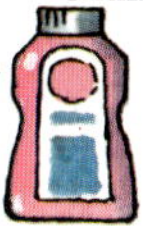

some talcum powder
ssam tälkem pauda
Puder

some toothpaste
ssam tuuθpäist
Zahnpasta

a toothbrush
e tuuθbrasch
Zahnbürste

some sticking plasters
ssam stiking plaasteas
Pflaster

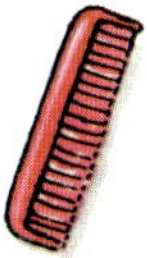

a comb
e koumb
ein Kamm

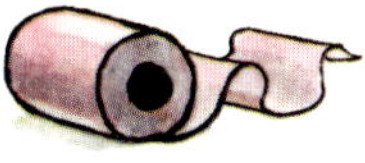

some toilet paper
ssam toilet päipa
Toilettenpapier

a film
e film
ein Film

Einen Brief abschicken

Postamt heißt auf englisch *General Post Office* (GPO). Es hat die gleichen Öffnungszeiten wie die Läden. Telefonzellen und Briefkästen erkennst du daran, daß sie alle knallrot leuchten und aussehen, als seien sie aus dem vorigen Jahrhundert.

Hau matsch is e sstämp foare poustkaad tu dschöamenii?
Wieviel kostet eine Briefmarke für eine Postkarte nach Deutschland?

Ai uood laik foa stämps foa dschöamenii.
Ich möchte vier Briefmarken (für Briefe) nach Deutschland.

Uäa kän ai faind e poustbox?
Wo kann ich einen Briefkasten finden?

Das Postamt

Uäaris ðe mäin poust ofiss?
Wo ist das Hauptpostamt?

Ai uood laik to ssänd e tälegräm tu dschöamenii.
Ich möchte ein Telegramm nach Deutschland schicken.

Fillin ðiss foam, pliis.
Füllen Sie bitte dieses Formular aus.

Hau matsch isit pöa wöad?
Wieviel kostet es pro Wort?

Geld wechseln

Hau matsch uillit kost tu ssänd ðiss paassel tu dschöamenii?
Wieviel kostet es, dieses Paket nach Deutschland zu schicken?

Uottaim das ðe laast poust liiw?
Um wieviel Uhr geht die letzte Post ab?

Schilder

Luftpost

Pakete

Telegramme

Briefmarken

Geld wechseln

Reiseschecks kannst du in einer Bank, in einem *Exchange Bureau* **oder in einigen dafür zugelassenen Hotels wechseln. Die Banken sind von 9.30 bis 15.30 Uhr von Montag bis Freitag geöffnet. Auf dem Lande sind sie oft auch nur an einigen Tagen in der Woche geöffnet.**

Kän ai käsch e träweleas tschäk hiia?
Kann ich hier einen Reisescheck eintauschen?

Hau mänii paunds aar ðäa tu ðe doitschmaak? **Wieviel Pfund bekomme ich für eine DM?**

Kud ai häw ssam ssmoal tschäindsch?
Könnten Sie mir Kleingeld geben?

Im Café

In sogenannten "Tea Rooms" oder *"Coffee Shops"* **gibt es nur Kuchen, Getränke, allenfalls einen Imbiss. Auf dem Lande gibt es manchmal Cafés, die eine besondere englische Spezialität servieren:** *"Cream teas",* **bestehend aus süßen Brötchen mit selbstgemachter Marmelade und frischer Sahne, dazu Tee.**

Is ðiss täibl täiken?
Ist dieser Tisch besetzt?

Uot kän ai gät juu?
Was darf ich Ihnen bringen?

Ai uood laik to ssii ðe mänju, pliis.
Ich möchte bitte erst die Speisekarte sehen.

Uot ssänduitsches häw juu got?
Biif, häm änd tschiis.
Was haben Sie an belegten Brötchen?
Wurst, Schinken und Käse.

Ai uood laik tuu häm ssänduitsches, e koukakoula änd änorindsch-dschuuss.
Ich möchte zwei belegte Brötchen mit Schinken, eine Cola und einen Orangensaft.

E foak, pliis.
Eine Gabel, bitte.

θiss is not, uot ai oadöd.
Das habe ich nicht bestellt.

Einige Dinge, nach denen du fragen könntest.

a knife
e naif
ein Messer

a jug of water
e dschag of uota
eine Kanne Wasser

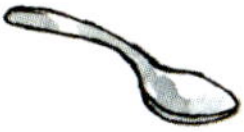
a spoon
e spuun
ein Löffel

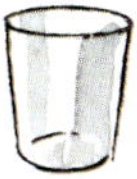
a glass
e glass
ein Glas

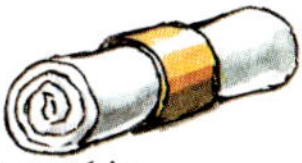
a napkin
e näpkin
eine Serviette

salt and pepper
ssoalt änd päpa
Salz und Pfeffer

Uäaraar ðe toilets?
Wo sind die Toiletten?

Ixkjuus mii, uäitress!
Bedienung, bitte.

θe bil, pliis.
Die Rechnung, bitte.

Issoäwiss inkluuded?
Ist die Bedienung inbegriffen?

Im Restaurant

Normalerweise hängen die Speisekarten der Restaurants im Schaufenster. Restaurants mit blauen B.T.A.-Plaketten sind sehr gute (und teure), vom britischen Touristenverband empfohlene Restaurants! Es gibt aber auch eine Menge sogenannter Kettenrestaurants, wo du preiswert essen kannst, z. B. im *Little Chef.*

Einen Tisch bestellen

Ai ouud laik tu buk e täibl foa foa ät äit pii äm.
Ich möchte für 20 Uhr einen Tisch für vier Personen bestellen.

Häw juu got e täibl foa foa?
Haben Sie einen Tisch für vier?

Häw juu bukd?
Haben Sie reserviert?

Häw juu e täibl in ðe gaaden?
Haben Sie einen Tisch im Garten?

Aar juu rädi tu oada?
Haben Sie sich entschieden?

Hau is ðiss disch kukd?
Wie bereiten Sie diese Speise zu?

Häw juu got äniθing wärii pläin?
Haben Sie etwas sehr Einfaches?

Getränke

Kud ai ssii ðe uain list?
Kann ich die Weinkarte sehen?

Uot-duu juu riikomänd?
Was empfehlen Sie mir?

Ai uood laik e karaaf of haus uain änd e botl of minerel uota.
Ich möchte eine Karaffe Tischwein und eine Flasche Mineralwasser.

Uot ssoft drinks häw juu got?
Was haben Sie an nichtalkoholischen Getränken?

Aim ssorii, aiw spilt mai drink
Entschuldigen Sie, ich habe mein Glas umgekippt.

Uii-aar ine bit of e rasch.
Wir sind ein wenig in Eile.

Probleme mit der Rechnung

Uot-das ðiss miin?
Was soll das heißen?

Die Speisen

Toast
Toust
geröstetes
Weißbrot

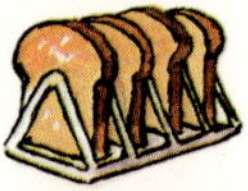

Rolls
Rouls
Brötchen

Butter and
marmalade
Bata änd maameläid
Butter und Marmelade

Sandwich
Ssänduitsch
Belegtes Weißbrot

Fish and chips
Fisch änd tschips
Fisch und
Pommes frites

Salad
Ssäläd
Salat

Meat pie
Miit paii
Fleischtörtchen

Bacon and eggs
Bäiken änd ägs
Schinken und Eier

Sausage roll
Ssoassidsch roul
Wurstpastete

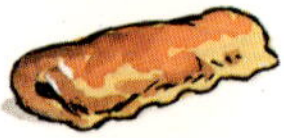

Ham
Häm
Schinken

Cheese
Tschiis
Käse

Scones, cream and jam
Sskouns, kriim
änd dschäm
Süße Brötchen mit
Sahne und Marmelade

Cakes and pastries
Käiks änd päistriis
Kuchen und Gebäck

Ice cream
Aiss kriim
Eiskrem

Drinks
Drinks
Getränke

Coffee
Kofii
Kaffee

Black coffee
Bläkkofii
Espresso

Tea
Tii
Tee

Hot chocolate
Hot tschoklet
Heiße Schokolade

Orange
Orindsch
Orangensaft

Milk shake
Milk schäik
Milchmixgetränk

Speisekarten

Wenn du preiswert essen und schnell bedient werden willst, achte auf Restaurants, die ein Tagesmenü aufführen: *Today's Special* **oder** *Dish of the Day* **genannt. So brauchst du dir nicht erst ein Menü selber zusammenzustellen. Unter dem Gericht steht meistens, ob V.A.T. und Bedienung im Preis inbegriffen sind. Wenn nicht, wird es in der Rechnung aufgeführt.**

Menu

Appetisers

Appetisers
Apetaisöass
Vorspeisen

Iced melon
Aissd mälen
Eismelone

Avocado
Awokadou
Avocado

Pate
Päit
Kürbis

Main Courses

Main courses
Mäin köassess
Hauptgerichte

Roast Beef and Yorkshire Pudding
Roust biif änd jokschöa puding
Rinderbraten und Yorkshire Pudding

Pork and Apple Sauce
Poak änd äpl ssoass
Schweinebraten mit Apfelsoße

Steak and Kidney Pudding
Stäik änd kidnäi puding
Steak und Kidney Pudding

Fish

Fish
Fisch
Fisch

Cod
kod
Kabeljau

Plaice
Pläiss
Scholle

Dover Sole
Douwa Ssoul
Scholle auf Dover'sche Art

Vegetables

Vegetables
Wädschetebls
Gemüse

Cheese

Cheese
Tschiis
Käse

Dessert

Dessert
Dissöat
Nachtisch

Apple pie
Äpl paai
Apfeltörtchen

Fruit salad
Fruut ssäläd
Obstsalat

Trifle
Traifl
Mürbegebäck

V.A.T.
Wii.Äi.Tii.
Mehrwertsteuer

Service not included
Ssöawiss not inkluuded
Bedienung nicht inbegriffen

Unterhaltung I

Wo es was, wann und für wieviel zu sehen gibt, kannst du in der Zeitung nachlesen oder bei der Touristeninformation erfahren. In London brauchst du sogar nur (01) 246 8007 zu wählen, um bequem telefonisch herauszubekommen, was dir an diesem Tag an interessanten Unternehmungen angeboten wird.

Kän juu riikomänd e schou tu ssii?
Welche Veranstaltungen können Sie empfehlen?

Circus
Ssöakess
Zirkus

Puppet Theatre
Papet θiiata
Puppentheater

Cartoon film
Kaatuun film
Zeichentrickfilm

Open-Air Theatre
Oupenäa θiiata
Freilichttheater

Funfair
Fanfäa
Jahrmarkt

A Pantomime
E Päntoumaim
Pantomime

Sound and Light Show
Ssaund änd lait schou
Musik und Feuerwerk

Magician
Mädschischen
Zauberkünstler

Football match
Futboal mätsch
Fußballspiel

Uottis on ät ðe ssinemaa tunait?
Was gibt es heute abend im Kino?

Aar ðääräni ssaiäns fiktschn films?
Gibt es einen Science-Fiction-Film?

Hau matsch aar ðe tikets?
Wieviel kosten die Karten?

Tuu ssiits in ðe stoals.
Zwei Plätze im Parkett.

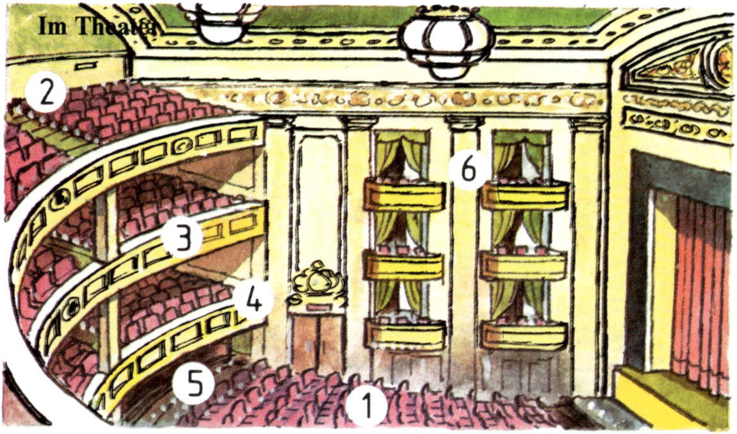

1 The stalls
ðe stoals
Parkett

2 The Gallery
ðe gälerii
Gallerie

3 Upper Circle
Apa ssöakl
Zweiter Rang

4 Lower Circle
Loua ssöakl
Erster Rang

5 Dress Circle
Dräss ssöakl
Sperrsitz

6 Boxes
Boxes
Balkon

Unterhaltung II

Uottaim das ðe schou begin?
Wann beginnt die Vorstellung?

Ät haaf paast ssix pii äm. It finisches ät äite klok.
Um 18.30 Uhr. Sie ist um 20.00 Uhr zu Ende.

Ixkjuus mii. Uäa kän ai bai e prougräm?
Wo kann ich bitte ein Programm kaufen?

ðiiascheret ssäls ðem.
Die Platzanweiserin verkauft welche.

Hinweisschilder im Theater

Garderobe

Notausgang

Toiletten

Rauchen verboten

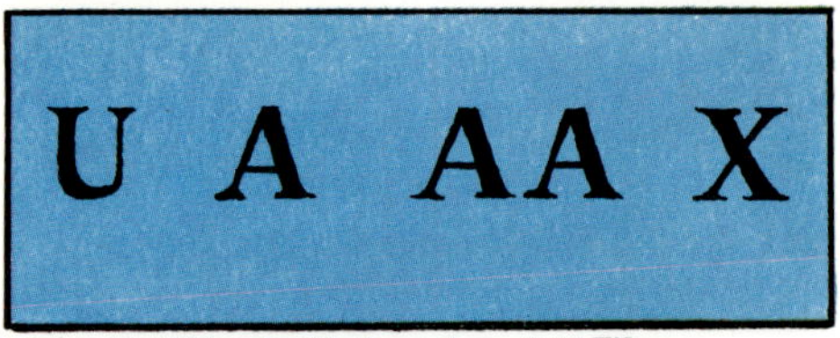

Einen *"U"*-Film darf jeder sehen. *"A"*-Filme dürfen Kinder ohne Begleitung eines Erwachsenen nicht sehen. In *"AA"*-Filme können nur Jugendliche über 14 gehen, *"X"*-Filme sind nur für Erwachsene ab 18.

Sehenswürdigkeiten I

Interessierst du dich für Sehenswürdigkeiten, erkundige dich bei der Touristeninformation oder im Reisebüro nach Stadtplänen und Prospekten. Im Winter sind jedoch einige Landhäuser und Schlösser nicht zu besichtigen. Für Führungen und oft auch für Besichtigungen mußt du bezahlen.

Uottis ðäa of intrest tu ssii in ðe taun?
Was gibt es Interessantes zu sehen?

Typische Sehenswürdigkeiten

The Castle
ðe Kaasl
das Schloß

The Zoo
ðe Suu
der Zoo

The Museum
ðe Mjuusiiem
das Museum

The Church
ðe tschöatsch
die Kirche

Old Part of Town
Ould paat of taun
Altstadt

Nature Reserve
Näitscha riisöaw
Nationalpark

Caves
Käiws
Höhlen

Is ðäare tuurist mäp of ðe taun?
Haben Sie einen Stadtplan?

Kän juu täl mii uän ðe mjuusiiem is oupen?
Können Sie mir sagen, wann das Museum geöffnet ist?

Äwerii däi ixäpt mandäi, from tän äi äm tu ssix pii äm.
Jeden Tag außer Montag von 10 bis 18 Uhr.

Hau matsch is ðiiädmischen tschaadsch?
Wieviel kostet der Eintritt?

Sehenswürdigkeiten II

Besichtigungen mit Führer

Is ðäare gaided tuua in dschöamen?
Gibt es eine Führung auf Deutsch?

Jäss. ðe näxt tuua staats ine kuata ofänaua.
Ja. Die nächste beginnt in einer Viertelstunde.

Hau long das ðe tuua laast?
Wie lange dauert die Führung?

Aar uii elaud tu gou ap ðe taua?
Dürfen wir auf den Turm steigen?

Im Zoo

Schilder

Tiere nicht füttern

Gefährliche Tiere

Wilde Tiere

Eingang

Ausgang

Nicht berühren

Kameras verboten

Tee-Salon

Privatbesitz

Bissiger Hund

Eintritt verboten

Betriebs-
ferien

Geöffnet

Geschlossen

Rasen betreten verboten

Freundschaft schließen

Hälou. Uottis juua näim?
Hallo. Wie heißt du?

Mai näim is märii. Änd juuas?
Ich heiße Mary. Und du?

Uäa aar juu stäeing?
Wo verbringst du deine Ferien?

Ai liw ouwa ðäa.
Ich wohne da hinten!

Hau ould aar juu?
Wie alt bist du?

Aim twälw.
Ich bin 12.

Hiiaris mai braða dschon. Häw juu äni braðas änd ssistas?
Das ist mein Bruder John. Hast du Geschwister?

Jäss. Ai häwän älda ssista, änd ðiss is mai tuin braða.
Ja. Ich habe eine ältere Schwester, und dies ist mein Zwillingsbruder.

Kän juu häw lansch uiðass?
Könnt Ihr mit uns Mittagessen?

Ai mast aask mai pärents.
Ich muß unsere Eltern fragen!

Läts gou änd pläi!
Laßt uns spielen gehen!

Höriiap!
Beeilt euch!

Aim kaming!
Ich komme!

Uäit foa mii!
Wartet auf mich!

Ai laik . . .
Ich mag . . .

Chess
Tschäss
Schach

Painting
Päinting
Malen

Stamp Collecting
Stämp koläkting
Briefmarkensammeln

Spiel-karten

Diamonds
Daiemends
Karo

Hearts
Haats
Herz

Clubs
Klabs
Kreuz

Spades
Späids
Pik

King
King
König

Queen
Kuiin
Dame

Jack
Dschäk
Bube

Ace
Äiss
Ass

Joker
Dschouka
Joker

Spiele

It's your turn!
Go and get it!
Gou änd gättit!
Geh und such ihn!
Its juua töan!
Du bist dran!
Bicycling
Baissekling
Radfahren
Throw me the ball!
Catch!
Hide and Seek
Haid änd ssiik
Versteckenspielen
θrou mii ðe boal!
Wirf mir den Ball!
Kätsch!
Fang!
Hopscotch
Hopsskotsch
Himmel und Hölle

Swing
Ssuing
Schaukel
Cricket
Kriket
Kricket
What are you playing?
Uottaar juu pläiing?
Was spielt ihr?
Who is winning?
Huuis uinning?
Wer gewinnt?
Leap Frog
Liip Frog
Bockspringen
Marbles
Maabls
Murmeln
Jacks
Dschäks
Knöchelchen oder Steinchen
mit dem Handrücken fangen

Sport

In England brauchst du für das Fischen eine schriftliche Erlaubnis für jedes Gewässer, in dem du angeln willst, oft mußt du auch noch den Besitzer fragen. Im Winter wird das Fischen ganz eingestellt, damit die Fische sich vermehren und heranwachsen können. Erkundige dich in deinem Ferienort.

Angeln

Uäa kännai hia e fisching rod?
Wo kann ich mir eine Angelrute leihen?

Hau matsch dasit koust foa ðe däi?
Wieviel kostet es pro Tag?

Duuai niid e pöamit?
Brauche ich eine Erlaubnis?

Häw juuäni bäit, pliis?
Haben Sie bitte einen Köder?

Is ðiss e gud pläiss tu fisch?
Ist dies ein guter Angelplatz?

Reiten

Is ðäare raiding sskuul niia hiia?
Ist eine Reitschule in der Nähe?

Uii uood laik ssam raiding lässens.
Wir möchten Reitstunden nehmen.

Tennis

Tennis racket
Täniss räket
Tennisschläger

Tennis shoes
Tännis schuus
Tennisschuhe

Tennis balls
Täniss boals
Tennisbälle

Uäa kän uii haia e koat? **Wo können wir einen Tennisplatz mieten?**

Ouwa ðäa. Ät ðe buking ofiss.
Dort drüben. Im Anmeldebüro.

Aim ssorii, uiiaar oal bukd ap.
Es tut mit leid, wir sind ausgebucht.

Uänis ðe näxt koat frii?
Wann ist denn ein Platz frei?

Duu juu uont e haad oare grass koat?
Möchten Sie einen Hart- oder Rasenplatz?

Ixkjuus mii. Kän ai häw mai boal bäk, pliis.
Entschuldigen Sie. Könnte ich meinen Ball wiederhaben?

Am Meer

Uäaris ðe niirest biitsch?
Wo ist der nächste Strand?

Is ðäare swiming puul?
Ist dort ein Schwimmbad?

Ai uood laik tu haia tuu mätresses,
e däk tschäa . . .
Ich möchte zwei Matratzen,
einen Liegestuhl . . .

. . . änd änambräla.
. . . und einen Sonnenschirm mieten.

Uäaraar ðe tschäindsching ruums?
Wo sind die Umkleidekabinen?
Näxtu ðe pädling puul.
Neben dem Plantschbecken.

Badesachen

A rubber ring
E raba ring
Rettungsring

A rubber boat
E raba bout
Schlauchboot

A ball
E boal
Ball

A lilo
E liilou
Luftmatratze

Suntan cream
Ssanten kriim
Sonnenschutzcreme

Eis kaufen

Ixkjuus mii. Duu juu häw äni aiss kriims?
Entschuldigen Sie. Haben Sie Eis?

Jäss. Uot fläiwa duu juu uont?
Ja. Welchen Geschmack wollt Ihr?

Vanilla
Wänile
Vanille

Strawberry
Stroabärii
Erdbeere

Raspberry
Roassbärii
Himbeer

Coffee
Kofii
Mokka

Pistachio
Pistätschio
Pistazie

Chocolate
Tschoklet
Schokolade

Ai uood laik e wänile koanet.
Ich möchte ein Vanilleeis.

E ssingl ore dabl?
Ein oder zwei Kugeln?

E dabl ände stroabärii aiss lolii.
Zwei Kugeln und ein Erdbeereis am Stiel.

Hau matschis ðät?
Wieviel kostet das?

Fiftii pänss.
Fünfzig Pence.

θängk juu.
Danke.

Unfälle und Notfälle

Die Telefonnummer für Polizei, Feuerwehr und Krankenwagen lautet:
999
Sie zu wählen kostet nichts. Wenn du jedoch in ernsthaften Schwierigkeiten bist, wende dich an die deutsche Botschaft (London SW1, 23 Belgrave Square, Tel.: 01/2355033.

Hälp!
Hilfe!

Kam kuiklii!
Kommt schnell!

Faia!
Feuer!

Pliis koal foaren ämbjulenss.
Rufen Sie bitte einen Krankenwagen.

Person vermißt

Mai fränd häs biin missing ssinss laast nait.
Mein Freund wird seit gestern abend vermißt.

Uän did juu ssii him foa ðe laastaim?
Wann haben Sie ihn zum letzten Mal gesehen?

Hii uänt aut ät ssix eklok tu bai e njuusspäipa.
Er ging um 6 Uhr abends weg, um eine Zeitung zu kaufen.

Hii uos uäring e räd hät änd e sskaaf.
Er trug eine rote Mütze und ein Halstuch.

Verloren oder gestohlen

Aiw lost mai paasspoat.
Ich habe meinen Paß verloren.

Mai uolet häs biin stoulen.
Meine Brieftasche wurde gestohlen.

Andere Dinge

my traveller's cheques
mai träweleas tschäks
meine Reiseschecks

my camera
mai kämera
mein Fotoapparat

my suitcase
mai ssjuutkäiss
mein Koffer

my keys
mai kiis
meine Schlüssel

my bag
mai bäg
meine Tasche

my watch
mai uotsch
meine Uhr

Mai ruum häs biin böagld.
In meinem Zimmer wurde eingebrochen.

It häpend bitwiin ten äi äm änd midäi.
Es muß zwischen 10 Uhr vormittags und mittags passiert sein.

Uäa kän uii kontäkt juu?
Wo können wir Sie erreichen?

Hiiris mai näim änd ädress.
Hier ist mein Name und meine Adresse.

Telefonieren

Telefonzellen gibt es überall: in Postämtern, Kaufhäusern, Cafés, Restaurants und auf der Straße. Wenn du den Hörer abnimmst, hörst du einen schnurrenden durchgehenden Ton. Das ist das Freizeichen. Nachdem du gewählt hast, hörst du ein br-br Geräusch: die Verbindung wird hergestellt. In deinem Hörer piepts, wenn es am anderen Ende klingelt. Aber erst, wenn sich am anderen Ende jemand meldet, steckst du *five pence* **oder** *ten pence* **in den Apparat. Sonst ist dein Geld weg! Ein Piepen während des Gesprächs bedeutet, daß du mehr Geld reinstecken oder das Gespräch beenden mußt. Für Auslandsgespräche gehst du besser in ein Postamt, wo man dich direkt vermittelt und du das Telefonat zum Schluß bezahlst. Möchtest du jedoch von einer Telefonzelle aus ein Rückgespräch (der, den du sprechen willst, ruft zurück und bezahlt das Gespräch) führen, wähle 100, um den Vermittler dranzukriegen. Am besten guckst du dir die nächsten beiden Bildseiten an, auf denen ein** *reverse call* **beschrieben wird.**

Die Wählscheibe

Hier werden die Namen in der Mitte der Scheibe erklärt.

Operator
Operäita
Telefonist/ Vermittlung

Repair Service
Riipäa ssöawiss
Störungsstelle

Fire
Faia
Feuer

Police
Peliiss
Polizei

Ambulance
Ämbjulenss
Krankenwagen

Is ðäare pablik tälefoun hiia?
Gibt es hier ein öffentliches Telefon?

Häw juu got äni ssmoal tschäindsch?
Haben Sie etwas Kleingeld?

Ein Telefongespräch führen

Ai uont tu koal bon änd riiwöass ðe tschaadschs. ðe nambaris bon faiw ssix ssäwen äit nain.
Ich möchte ein Rückgespräch nach Bonn führen.
Die Nummer ist Bonn 56789.

Uottis juua namba? Hould ðe lain.
Was ist ihre Nummer. Bleiben Sie am Apparat.

Juu häw ðe rong namba. **Sie haben die falsche Nummer gewählt.**

Pliis mäi ai sspiik tu mista ssmiθ?
Könnte ich bitte mit Herrn Smith sprechen?

ðe nambaris ängäidschd.
Die Nummer ist besetzt.

Hii is not hiia ät ðe moument.
Er ist im Moment nicht zu erreichen.

Huuis spiiking?
Wer spricht?

Kud juu täl him ðät missess braun tälefound änd aassk him tu ring mii ät ðiss namba?
Könnten Sie ihm sagen, daß Frau Brown angerufen hat und ihn bitten, mich unter dieser Nummer anzurufen?

Krankheiten und Verletzungen

Wenn du dich krank fühlst, suche am besten erst mal einen *chemist* auf. Dort wird man dir gegen kleinere Wehwehchen Medizin verkaufen (z. B. gegen Halsweh oder Durchfall). Meinst du jedoch, einen Arzt aufsuchen zu müssen, mach es. Er wird dich kostenlos behandeln. Aber nur, wenn er Arzt des *National Health Service* ist.

I have a headache.
Ai häw e hädäik.
Ich habe Kopfschmerzen.

I have a stomach pain.
Ai häw e stomäk päin.
Ich habe Bauchschmerzen.

I have a cold.
Ai häw e kould.
Ich habe mich erkältet.

I am coughing a lot.
Aiäm kaafing e lot.
Ich huste fürchterlich.

I have a temperature.
Ai häw e tämpretscha.
Ich habe Fieber.

I feel sick.
Ai fiil ssik.
Mir ist übel.

I have cut myself.
Ai häw kat maissälf.
Ich habe mich geschnitten.

I have burnt myself.
Ai häw böant maissälf.
Ich habe mich verbrannt.

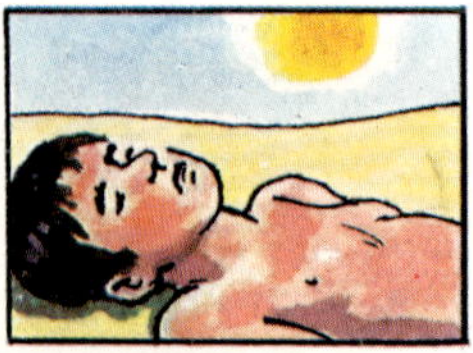

I am sunburnt.
Aiäm ssanböant.
Ich habe einen Sonnenbrand.

I have been stung (or bitten) by . . .
Ai häw biin stang (oa biten) bai . . .
Ich bin gestochen (gebissen) worden von . . .

a jellyfish
e dschäliifisch
einer Qualle

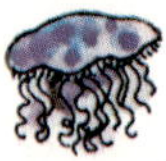

a sea-urchin
e ssii-öatschin
einem Seeigel

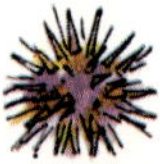

a snake
e snäik
einer Schlange

a wasp
e uosp
einer Wespe

I have something in my eye.
Ai häw ssamθing in mai ai.
Ich habe etwas im Auge.

I have a rash.
Ai häw e räsch.
Ich habe Ausschlag.

It itches.
It itsches.
Es juckt mich.

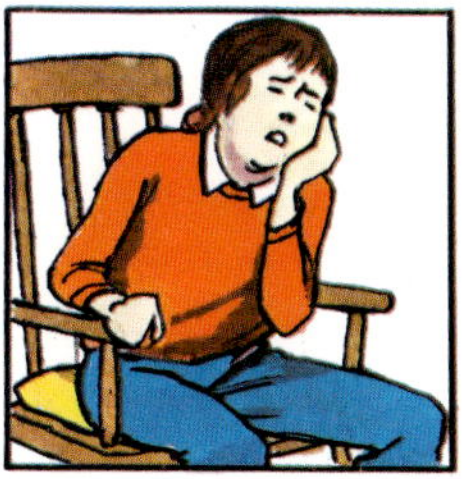

I have toothache.
Ai häw tuuθ äik.
Ich habe Zahnschmerzen.

I have been attacked by a dog.
Ai häw biin etäkt bai e dog.
Ein Hund hat mich angegriffen.

I have broken my leg.
Ai häw brouken mai läg.
Ich habe mir das Bein gebrochen.

Beim Arzt

Ai niid tu ssii e dokta.
Ich brauche einen Arzt.

Uän is hii frii?
Wann hat er Zeit?

Kän juu inokjuläit mii egänst teetenes?
Können Sie mich gegen Tetanus impfen?

Kän juu giw mii e priisskripschen?
Können Sie mir ein Rezept geben?

Die Körperteile

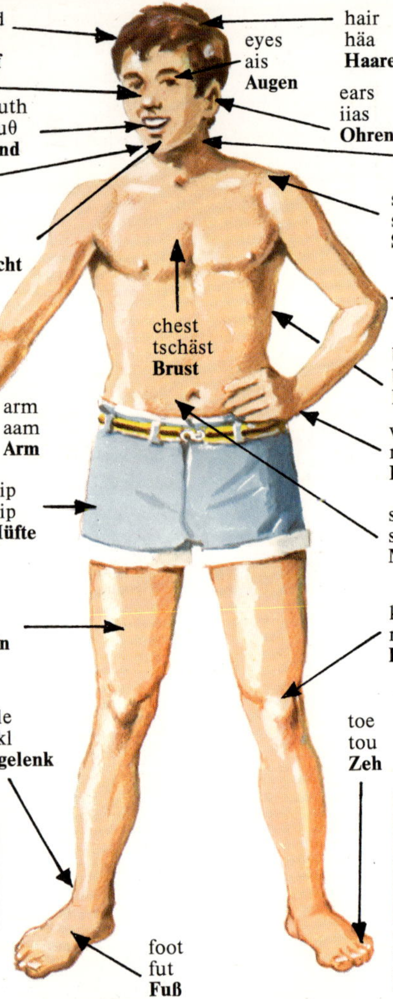

He is tall.
Hii is toal.
Er ist groß.

He is young.
Hii is jang.
Er ist jung.

He is short.
Hii is schoat.
Er ist klein.

She is fat.
Schii is fät.
Sie ist dick.

She is thin.
Schii is θin.
Sie ist dünn.

She is old.
Schii is ould.
Sie ist alt.

Farben

black
bläk
schwarz

white
uait
weiß

grey
grai
grau

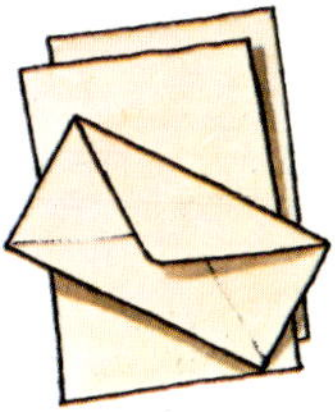

beige
bäisch
beige

brown
braun
braun

yellow
jälou
gelb

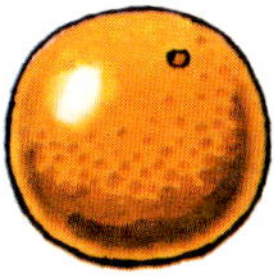

orange
orindsch
Orange

red
räd
rot

pink
pingk
rosa

violet
waielit
violett

blue
bluu
blau

green
griin
grün

gold
gould
gold

silver
ssilwa
silber

dark
daak
dunkel

light
lait
hell

Monate, Tage und Jahreszeiten

January
Dschänjuärii
Januar

February
Fäbruärii
Februar

March
Maatsch
März

April
Äipril
April

May
Mäi
Mai

June
Dschuun
Juni

July
Dschuulai
Juli

August
Oagest
August

September
Ssäptämba
September

October
Oktouba
Oktober

November
Nouwämba
November

December
Diissämba
Dezember

Die Woche

The Week (ðe uiik)

7 Monday
Mandäi
Montag

8 Tuesday
Tjuusdäi
Dienstag

9 Wednesday
Uänsdäi
Mittwoch

10 Thursday
θöassdäi
Donnerstag

11 Friday
Fraidäi
Freitag

12 Saturday
Ssätadäi
Samstag

13 Sunday
ssandäi
Sonntag

Die Jahreszeiten

The Seasons
(ðe ssiisens)

Spring
Spring
Frühling

Summer
Ssama
Sommer

Autumn
Oatumn
Herbst

Winter
Uinta
Winter

Das Wetter

It is raining.
Ittis räining.
Es regnet.

It is going to rain.
Ittis gouing tu räin.
Es wird regnen.

Hail.
Häil.
Hagel.

It's windy.
Its uindii.
Es ist windig.

It's snowing.
Its snouing.
Es schneit.

It's cloudy.
Its klaudii.
Es ist bewölkt.

Thunder.
θanda.
Donner.

A flash of lightning.
E fläsch of laitning.
Ein Blitz.

What a storm!
Uote stoam!
Was für ein Sturm!

It's a nice day.
Its e naiss däi.
Es ist ein schöner Tag.

It's hot.
Its hot.
Es ist heiß.

It's cold.
Its kould
Es ist kalt.

Zahlen

1	one	uan
2	two	tuu
3	three	θrii
4	four	foa
5	five	faiw
6	six	ssix
7	seven	ssäwen
8	eight	äit
9	nine	nain
10	ten	tän
11	eleven	eläwen
12	twelve	twälw
13	thirteen	θöatiin
14	fourteen	foatiin
15	fifteen	fiftiin
16	sixteen	ssixtiin
17	seventeen	ssäwentiin
18	eighteen	äitiin
19	nineteen	naintiin
20	twenty	tuäntii
21	twenty-one	tuäntii uan
22	twenty-two	tuäntii tuu
23	twenty-three	tuäntii θrii
24	twenty-four	tuäntii foa
25	twenty-five	tuäntii faiw
26	twenty six	tuäntii ssix
27	twenty-seven	tuäntii säwen
28	twenty-eight	tuäntii äit
29	twenty-nine	tuäntii nain
30	thirty	θöatii
40	forty	foatii
50	fifty	fiftii
60	sixty	ssixtii
70	seventy	ssäwentii
80	eighty	äitii
90	ninety	naintii
100	one hundred	uan handred
101	one hundred and one	uan handred änd uan
200	two hundred	tuu handred
1,000	one thousand	uan θausend
1,001	one thousand and one	uan θausend änd uan
2,000	two thousand	tuu θausend
1,000,000	one million	uan miljin
1st	first	föast
2nd	second	ssäkend

Die Zeit

Hier wird endlich das Rätsel von *"a.m."* **und** *"p.m."* **gelöst.** *"9 o'clock a.m."* **heißt: 9 Uhr vormittags und** *"9 o'clock p.m."* **heißt 9 Uhr nachmittags. Die Engländer rechnen die Minuten zu den Stunden hinzu oder ab. Sie sagen z. B. nicht "halb neun" sondern** *"half past eight,"* **also "halb nach acht".**

Uottaim isit, pliis?
Wie spät ist es, bitte?

It is eight o'clock.
Ittis äit eklok.
Es ist acht Uhr.

It is quarter past eight.
Ittis kuata paast äit.
Es ist viertel nach acht.

It is quarter to nine.
Ittis kuata tu nain.
Es ist viertel vor neun.

It is midday.
Ittis midäi.
Es ist Mittag.

It is five to five.
Ittis faiw tu faiw.
Es ist fünf vor fünf.

It is ten past seven.
Ittis tän paast ssäwen.
Es ist zehn nach sieben.

It is half past ten.
Ittis haaf paasttän.
Es ist halb elf.

It is midnight.
Ittis midnait.
Es ist Mitternacht.

the morning
ðe moaning
der Morgen

the afternoon
θiiaaftenuun
der Nachmittag

the evening
ðiiwening
der Abend

the night
ðe nait
die Nacht

yesterday jästedäi **gestern**	this year ðiss jiia **dieses Jahr**	early öalii **früh**	in five minutes in faiw minits **in fünf Minuten**
today tudäi **heute**	last month laast manθ **letzten Monat**	earlier öaliia **früher**	in a quarter of an hour ine kuata of änaua **in einer Viertel- stunde**
tomorrow tumorou **morgen**	next week näxt uiik **nächste Woche**	soon ssuun **bald**	in half an hour in haaf änaua **in einer halben Stunde**
the day before yesterday ðe däi bifoa jästedäi **vorgestern**	now nau **jetzt**	later läita **später**	in an hour in änaua **in einer Stunde**
the following day ðe folouing däi **am folgenden Tag**		never näwa **niemals**	
the day after tomorrow ðe däi afta tomorou **übermorgen**			

Kurz-Grammatik

Die Artikel

Es gibt im Englischen nur einen Artikel, und der heißt *"the"* (der, die, das). Man kann das Geschlecht eines Wortes also nicht erkennen. Im Plural bekommen die meisten Hauptwörter ein *"s"* hinten dran.

Also:

the dog	-	*the dogs*
(der Hund)		(die Hunde)
the girl	-	*the girls*
(das Mädchen)	-	(die Mädchen)

Es gibt aber auch Ausnahmen wie z. B.:

the mouse	-	*the mice*
(die Maus)	–	(die Mäuse)

Im Englischen gibt es nur einen unbestimmten Artikel. Für "ein" und "eine" sagt man *"a"*.

a dog (ein Hund)

Beginnt das Wort mit einem Vokal (a, e, i, o, u) setzt man hinter das "a" ein "n", also: *an.*

an orange (eine Orange)

"Dieses" heißt im Englischen *"this"*. "jenes" (örtlich oder zeitlich entfernt) heißt *"that"*.
z. B.:

this son	-	*that stranger*
(dieser Sohn)	-	(jener Fremde)

Die Mehrzahl von *"this"* ist *"these"* und die von *"that"* ist *"those"*.
z. B.:
these sons - those strangers
I drink these bottles.
You drink those bottles.

Fürwörter

ich	*I*
du	*you*
er, sie, es	*he, she, it*
wir	*we*
ihr	*you*
sie	*they*

Besitzanzeigende Fürwörter

Da das Geschlecht eines Wortes nicht erkennbar ist, sagt man *my wife* (meine Frau) und ebenso wie *my son* (mein Sohn) und *my cars* (meine Autos). *"My"* heißt also "mein" und "meine".

mein	*my*
dein	*your*
sein	*his/its*
ihr	*her*
unser	*our*
euer	*your*
ihr	*their*

Nützliche Verben

An das Verb hängt man in der 3. Person Einzahl (er, sie, es) ein *"s"* an.
z. B.:

to learn – lernen
I learn
you learn
aber: he (she, it) learns

we learn
you learn
they learn

Unregelmäßigkeiten treten nur bei wenigen Verben auf. Hier z. B.:

to have	**haben**
I have	ich habe
you have	du hast
he, she, it has	er, sie, es hat
we have	wir haben
you have	ihr habt
they have	sie haben

to be	**sein**
I am	ich bin
you are	du bist
he, she, it is	er, sie, es ist
we are	wir sind
you are	ihr seid
they are	sie sind

to go	**gehen**
I go	ich gehe
you go	du gehst
he, she, it goes	er, sie, es geht
we go	wir gehen
you go	ihr geht
they go	sie gehen

can	**können**
I can	ich kann
you can	du kannst
he, she, it can	er, sie, es kann
we can	wir können
you can	ihr könnt
they can	sie können

Verneinung

Im Englischen verneint man, indem man die Wörter *"do not"* (meist zu *don't* zusammengezogen) vor das betreffende Verb setzt. Also:

I go home – (ich gehe nach Hause)
I don't go home – (ich gehe nicht nach Hause)
Don't heißt in der 3. Pers. Sing. *doesn't* (dasnt)
He (she, it) *doesn't go home.*

Fragen

You go home. – Du gehst nach Hause
Do you go home? – Gehst du nach Hause?

Also: Do und Fürwort und Verb (Achtung: 3. Person Einzahl auch hier:
Does he go home?
Yes, he goes home.)

Alphabetisches Sachverzeichnis

Verzeichnis englischer Wörter

Hier findest du Wörter, die häufig auf Schildern oder dergl. zu lesen sind.

PRINTED IN BELGIUM BY proost INTERNATIONAL BOOK PRODUCTION